COURONNEMENT

DE

NOTRE-DAME D'ARCACHON

LE 16 JUILLET 1873

Par son Éminence le Cardinal Donnet

Délégué de Sa Sainteté

EN PRÉSENCE

DE NN. SS. LES ARCHEVÊQUES DE PERGA, D'ALBY, D'AVIGNON,
DE TOURS, ET DES EVÊQUES D'AIRE, DE TARBES,
D'ANGOULÊME, etc., etc.

BORDEAUX

IMPRIMERIE DE LA GUIENNE, RUE GOUVION, 20

1873

COURONNEMENT DE LA STATUE MIRACULEUSE
DE NOTRE-DAME D'ARCACHON

16 JUILLET 1873

CHAPITRE Ier

Notice historique sur le Pélerinage

Dans le temps où l'Allemagne voyait un moine apostat, Luther, prêcher partout la révolte contre l'Eglise, la haine du Pape, l'abolissement du jeûne et de la pénitence, un humble moine d'Italie, prêchait avec force la soumission au Pape et à l'Eglise, et l'amour de la pénitence. C'était le Bienheureux Thomas Illyricus. Né à Ozimo, vers le milieu du xve siècle, il était entré de bonne heure dans l'ordre séraphique de Saint-François-d'Assise :

Poussé par l'inspiration de Dieu, cet intrépide apôtre, après avoir évangélisé sa patrie, traversa les Alpes, et porta la parole divine dans le Midi de la France. Lyon, Toulouse, et surtout Bordeaux, entendirent les ferventes prédications de l'homme de Dieu. Les fidèles se pressaient en foule autour de l'humble frère mineur. Sa parole ardente, sa vie pénitente et mortifiée, ses prophéties et ses miracles changeaient les cœurs les plus endurcis.

Afin de reposer son âme fatiguée par les travaux apostoliques et par des épreuves de tous genres, épreuves dont Dieu se montre prodigue envers ses Saints, notre Bienheureux voulut se retirer pendant quelque temps dans la solitude. Il vint dans un lieu sauvage, nommé *Arcaixon,* situé sur les bords d'une petite mer intérieure, à quelques lieues de Bordeaux; et là, au milieu de forêts immenses, il mettait toutes ses délices à s'entretenir avec Dieu. Un jour, qu'il était sur le rivage, il voit deux vaisseaux sur le point de périr, au milieu d'une furieuse tempête. Notre Saint tombe à genoux, fait le signe de la Croix sur le sable, et adresse au Seigneur une fervente prière. Aussitôt, la mer se calme, la tempête s'apaise, et les vaisseaux sont sauvés. Le serviteur de Dieu était encore sur le rivage, bénissant le Ciel de la grâce obtenue, quand, ô prodige, il aperçoit une statue de la Sainte Vierge que les flots viennent déposer à ses pieds. Frère Thomas la reçoit comme un présent du Ciel, et lui élève une modeste chapelle en bois, dans laquelle il la place avec respect et amour.

Le sanctuaire où se trouve actuellement l'image vénérée n'est pas celui qui fut érigé par le Bienheureux Thomas. C'est la troisième chapelle bâtie en l'honneur de Notre-Dame. Elle date de 1722. Mais, si le sanctuaire primitif, tombant de vétusté et envahi par les sables, a été changé, la statue que l'on vénère à Arcachon, c'est la Vierge miraculeusement apportée par le flot au Bienheureux solitaire, et il faut ajouter miraculeusement conservée jusqu'à nos jours.

En effet, placée au milieu d'une immense forêt, dans une chapelle mal fermée, n'ayant pour défenseur qu'un faible moine et quelques pauvres pêcheurs, Notre-Dame était exposée aux coups de main des pirates qui infestaient les côtes de Gascogne. Mais, ce que Dieu garde est bien gardé; je n'en citerai qu'un exemple.

Peu à peu, le sanctuaire s'enrichissait des dons des pieux pèlerins. « Un jour, dit Florimond de Ramond, un navire anglais prit terre » pour faire butin de la riche pauvreté de cette maison. Mais, voyez » le jugement de Dieu et comme la peine suivit bientôt le péché ! » Ceux qui avaient fait descente étant rentrés en leur bord, chargés » de quelques ornements d'Eglise, n'eurent pas plus tôt pris le large, » qu'ayant donné contre les écueils, quoique ce fut en temps calme » et serein, leur vaisseau prit eau et coula à fond à la vue du lieu » saint, témoin de leur forfait. »

La Vierge d'Arcachon eut encore pour défenseur la dévotion des habitants du littoral. Les Landais, poussés par leur foi, montés sur leurs longues échasses, accouraient en foule au sanctuaire. Les marins s'y rendaient avant et après leurs excursions sur mer. Avant toute entreprise tant soit peu importante, on avait recours à la Bonne-Dame, et chaque jour la petite cloche de la chapelle, sonnée par le successeur de Thomas Illyricus, appelait à la prière les pêcheurs et les résiniers des alentours. Il reste un vestige de cette dévotion, dans l'habitude conservée par nos bons marins, de ne jamais passer en face de la chapelle, sans quitter la rame pour se découvrir et pour adresser une prière à leur patronne. Puisse cet usage se conserver toujours ! Puisse-t-il surtout être accompagné de la foi des siècles passés.

C'est cette foi courageuse et intrépide qui, en 1793, arracha la statue miraculeuse aux mains sacriléges qui allaient la briser. Dans ces jours de terreur et d'impiété, les marins apprennent avec effroi que des hommes envoyés de Bordeaux se sont mis en route pour saccager et profaner le sanctuaire. Défendus et protégés si souvent **par la Vierge bénie, les marins veulent à leur tour la protéger et la défendre.**

Ils accourent en toute hâte, afin de garder leur chapelle et leur Vierge. Les messagers de la Terreur, si audacieux en présence des hommes timides, sont effrayés de l'attitude de tous ces gens de mer armés pour la défense de leur Reine, et ils se retirent sans avoir osé toucher au sanctuaire.

Il faut le dire : Notre-Dame d'Arcachon était bien en droit de s'attendre à une telle marque de dévouement. Elle s'était toujours montrée si prodigue de faveurs envers les marins ! Depuis cette époque, ses bienfaits se sont multipliés. Elle semble vouloir se montrer reconnaissante de ce qui a été fait pour Elle. J'en choisis une preuve entre mille.

Le 24 août 1854, cinq marins débarquaient en face de la grande Croix monumentale du bassin pour se rendre à la chapelle de la Vierge; ils marchaient nu-pieds, un cierge à la main, au milieu d'une foule émue jusqu'aux larmes; ils accomplissaient un vœu.... Dans une furieuse tempête, leur chaloupe de pêche, poussée par les vents, allait être jetée sur les hauts-fonds, où elle devait inévitablement sombrer : Nous allons mourir, s'écrie un jeune homme, en pleurant ! Espérons que non, répond le capitaine; dans le danger, j'ai toujours eu recours à Notre-Dame d'Arcachon et, toujours, Elle m'a secouru.

J'ai fait six fois naufrage; six fois je l'ai invoquée, et j'ai été sauvé. Oui, ajoute un matelot, c'était un de ces braves de Bommarsund, mettons-nous sous la protection de notre Bonne Vierge, nous ne périrons pas... L'équipage se met à genoux, fait son vœu, et puis se remet à lutter contre le terrible ouragan. Toutes les voiles sont mises en pièces, à l'exception d'une petite nommée la misaine. C'était leur unique espoir. Si le vent la déchirait, ils étaient perdus. Elle résiste et ils rentrent au port. Mais, ô prodige ! cette voile qui avait tenu bon contre la plus furieuse tempête, est mise en lambeaux par la brise légère du bassin. C'est de cette protection signalée qu'ils venaient remercier Marie.

Dans la chapelle, à la voûte, à la grille et aux murs, sont suspendus de nombreux *ex-voto*, témoins éloquents de la protection accordée par la Vierge, tantôt à des marins sur le point d'être engloutis dans l'Océan, tantôt à des malades, à des cœurs désespérés. La statue elle-même est couverte de cœurs en or ou en argent, autres *ex-voto*, qu'on pourrait dire plus intimes; c'est comme un manteau d'amour donné par des enfants à leur Mère bien-aimée, c'est comme une prière incessante, comme une action de grâce continuelle.

Dans l'univers, Marie est invoquée comme la Mère et la Patronne de tous les chrétiens; mais à Arcachon, tout en exauçant les prières de tous, la Sainte Vierge semble avoir une tendresse de prédilection pour les **pauvres**, les humbles, les petits, les gens de peine et de travail, en un mot, pour tous ceux que le monde oublie et délaisse. Elle est invoquée spécialement sous le titre de *Patronne des marins et des enfants*.

CHAPITRE II

Bref du Saint Père relatif au couronnement.

Son Eminence le Cardinal Donnet, archevêque de Bordeaux, connaissant la confiance des populations de Notre-Dame d'Arcachon, et cédant à une pieuse inspiration de son cœur et aux désirs des Oblats de Marie, chargés du Pèlerinage et de la Paroisse, profita de son séjour à Rome pendant le concile du Vatican, pour solliciter en faveur de Notre-Dame d'Arcachon la gloire du couronnement, gloire uniquement réservée aux pèlerinages les plus fréquentés et les plus en renom. Le 15 juillet 1870, la faveur demandée était obtenue. Voici la traduction du Bref par lequel Sa Sainteté Pie IX accorde à Notre-Dame d'Arcachon le privilége insigne du couronnement :

PIE IX PAPE

POUR LA PERPÉTUELLE MÉMOIRE DE LA CHOSE

Comme, même dès Nos plus tendres années, Nous n'avons rien connu de meilleur et de plus juste que d'honorer la Bienheureuse Mère de DIEU, MARIE. toujours Vierge et Conçue sans péché, de toute l'affection de Notre cœur et d'une particulière vénération et obéissance ; ainsi que d'exciter et d'enflammer, de tous Nos soins et de tout Notre zèle, l'amour envers cette très-aimable Mère de tous les hommes ; Nous accédons volontiers et d'un cœur joyeux aux demandes qui ont pour objet l'augmentation de la gloire et du culte de cette Vierge Mère.

Aussi, supplié par Notre Vénérable Frère, l'Archevêque de Bordeaux, de donner à ce même Archevêque le pouvoir, en tant que Notre délégué, de couronner du diadème la Statue de la bienheureuse Vierge Marie, d'Arcachon, laquelle, depuis des temps reculés, a été dans son diocèse, non-seulement de la part des habitants de ce lieu et des lieux circonvoisins, mais aussi de la part des étrangers, l'objet d'une très-grande dévotion, piété et affluence ; de telle sorte que là où était une humble chapelle de Notre-Dame d'Arcachon, les dons des fidèles clients de la Vierge ont élevé un temple magnifique et splendide

Les choses étant ainsi, par ces Lettres et en vertu de Notre autorité apostolique, Nous donnons à Notre Vénérable Frère, l'Archevêque de Bordeaux, la faculté, le jour désigné par ce Vénérable Frère, après avoir prescrit une prière solennelle, d'orner de la Couronne, par Lui-même ou par un autre Évêque désigné par Lui, la statue de la bienheureuse Vierge immaculée, dite d'Arcachon, célèbre par le culte et l'affluence des fidèles.

De plus, afin que les fidèles puissent, dans cette solennité, se préparer un secours pour atteindre l'éternelle béatitude, Nous accordons, dans le Seigneur, indulgence et rémission plénière de tous leurs péchés, à chaque fidèle des deux sexes qui vraiment contrit et confessé, et muni de la sainte communion, ce même jour solennel du Couronnement ou, à son choix, l'un des sept jours qui suivront, visitera l'Église de la bienheureuse Vierge, dite Notre-Dame d'Arcachon, au Diocèse de Bordeaux, et y priera pieusement pour la concorde entre les princes chrétiens, l'extirpation des hérésies et l'exaltation de notre mère Sainte Église. Cette indulgence pourra être appliquée, par mode de suffrage, aux âmes des fidèles qui sont sorties de cette vie unies à Dieu dans la charité.

Et ce, nonobstant toutes constitutions, ordonnances et autres décisions contraires du Saint-Siége apostolique et des conciles généraux, provinciaux ou synodaux.

Nous voulons de plus qu'à toute copie, même imprimée, de ces Lettres, signées de la main d'un notaire public et marquées du sceau d'une personne constituée en dignité ecclésiastique, soit ajoutée la même foi qu'à ces mêmes Lettres, si elles étaient produites et présentées.

Donné à Rome, près Saint-Pierre, sous l'Anneau du Pêcheur, le 15 juillet 1870, de notre pontificat l'année vingt-cinquième.

N. Cardinal PARACCIANI CLARELLI

La gloire du couronnement était donc accordée, mais les malheurs de la France et d'autres difficultés firent ajourner la cérémonie qui ne put avoir lieu que trois ans après. Bénissons le ciel, qui daigne nous accorder la consolation d'assister à une si douce fête.

CHAPITRE III

LETTRE PASTORALE

DE SON ÉMINENCE LE CARDINAL-ARCHEVÊQUE DE BORDEAUX.

Nous venons, Nos Très Chers Frères, vous annoncer la solennité qui aura lieu à Arcachon, le 16 juillet, fête de Notre-Dame du Mont-Carmel. Déjà Verdelais a reçu la couronne d'or que le Saint Père décerne à quelques-uns des sanctuaires les plus vénérés. C'est aujourd'hui le tour de Notre-Dame d'Arcachon. Ce sanctuaire, perdu hier dans la solitude, aujourd'hui ornement d'une cité florissante, recevra comme une nouvelle consécration de la plus haute autorité qui soit sur la terre. Le diocèse y trouvera une récompense méritée ; car la belle église, dans laquelle nous avons en quelque sorte enchâssé l'antique sanctuaire, est due à la générosité de tous les fidèles.

Nous avons profité de notre dernier séjour à Rome pour solliciter de notre immortel Pie IX le grand bienfait d'un couronnement. Sa Sainteté daigna souscrire à cette demande, et c'est en son nom, et dans une cérémonie entourée de tout l'éclat possible, que nous couronnerons l'image vénérée d'Arcachon. Notre bien-aimé Coadjuteur si dévoué au culte de Marie ; les évêques de notre province, d'autres éminents prélats, le Clergé et de nombreux fidèles voudront bien se joindre à nous dans cette circonstance.

Mais pourquoi, dira-t-on peut-être, ces manifestations extraordinaires, ces pérégrinations lointaines, ces pèlerinages en un mot ? Sont-ils suffisamment justifiés aux yeux de la raison et de la foi ? Ne sont-ce pas des choses qui amoindrissent le christianisme et vont à l'encontre des idées et des tendances actuelles ? On préférerait la religion avec les pratiques essentielles qui la constituent, dépouillée par conséquent de tout le superflu qui la dénature.

Nous en conviendrons sans peine, N. T. C. F., il faut éclairer la piété des fidèles en la rendant raisonnable, *rationabile obsequium,* a dit le grand apôtre; mais aussi ne serait-ce pas méconnaître la nature du christianisme, que de le réduire à un individualisme solitaire? N'est-il pas fait pour saisir l'homme tout entier? Dès lors ne devient-il pas nécessaire que les sentiments dont il est animé se manifestent par des actes extérieurs et solennels?

Que j'aime à voir un éloquent Pontife passer comme en revue, sur une place de sa ville épiscopale, l'immense caravane qui se dirigeait vers le sanctuaire de Notre-Dame de Lourdes! Quelques libres-penseurs semblaient prendre en pitié ces hommes arriérés, et l'Évêque de leur dire : « Assurément, mes enfants,
» l'Église est partout avec la vérité de sa doctrine, la vertu de ses sacrements et
» la protection de ses saints. Mais quand un malade sent décroître ses forces, et
» que l'air natal ne lui suffit plus, ne va-t-il pas demander la santé à d'autres
» climats? Il cherche au loin une atmosphère plus saine, des bains qui le rafraî-
» chissent et le fortifient, une nourriture plus substantielle, tout un ensemble
» d'éléments nouveaux qui donnent du ressort à ses organes en ramenant dans
» ses membres les énergies de la vie; et bientôt, il reprend le chemin de son
» pays, après avoir renouvelé sa vigueur sous l'influence d'un sol étranger, mais
» bienfaisant. »

Voilà l'image du pèlerin à l'un des nombreux sanctuaires de Marie. Interrogeons l'histoire de nos aïeux : ils nous diront qu'il n'est pas un des chemins de la vie sur lequel la Reine du ciel ne soit venue se placer comme une lumière et une consolation. Cette image de la mère du Sauveur est si majestueuse et si simple, si douce et si ferme, si austère et si sereine, en un mot, si divinement harmonieuse et si attirante, qu'elle sait prendre toutes les formes pour se personnifier selon nos besoins.

Pour le voyageur égaré, elle est, à Agen, Notre-Dame de Bon-Encontre; pour l'affligé, à Saint-Séverin et à Saint-Brieuc, Notre-Dame de l'Espérance; pour celui qu'on délaisse, c'est Notre-Dame des Aides ou de Bon-Secours, comme à Boulogne, à Blois et à Bordeaux; pour l'être souffrant, Notre-Dame des Douleurs ; pour le matelot, c'est Notre-Dame de la Délivrance et de Bon-Retour; pour le solitaire, Notre-Dame des Bois et des Rochers; pour le guerrier, Notre-Dame de Grâce et de Courage; sur les monts glacés, c'est Notre-Dame des Neiges ; au fond des vallées, sur les bords des ruisseaux et des fleuves, c'est Notre-Dame du Lac ; à l'extrémité du vieux monde, c'est Notre-Dame de la Fin-des-Terres, que nous arrachions, le 12 avril 1860, aux sables qui l'étreignaient depuis si longtemps ; c'est pour tous les Français, comme au Puy, Notre-Dame de France.

Chaque souffrance, chaque besoin qui naît à l'homme enfante une dévotion à Marie. Sur le sommet des Alpes et des Pyrénées, c'est Notre-Dame de Laus, de la Salette et de Lourdes. Au faîte des basiliques de Lorette, de Sarragosse, de Chartres et de Milan; sur les clochers d'Avignon, de Vienne, de Fourvières, de Verdelais, de Talence, de Lorette-Landeron, de Montigo, d'Uzeste, d'Aillas-le-Vieux et de Pey-Berland; sur les abîmes de Roc-Amadour et de Montchal-Argental, sur la roche escarpée de Marseille, à l'entrée d'un palais, sur la porte d'une chaumière ou dans l'atelier d'un travailleur, partout la mère du Sauveur s'offre aux regards de ses enfants, et son image fait pénétrer un rayon de joie et d'espérance, une pensée d'amour, un sentiment qui fortifie et console.

Le chrétien dévot à Marie n'est jamais seul. A la lueur de cette lampe brûlant aux pieds de la madone comme un symbole mystérieux de la providence qui veille toujours, il chante un hymne à sa Reine, et la paix revient dans son cœur; il n'y a pas de suicide dans un pays où l'on espère en Marie. O mon Dieu ! en donnant votre mère pour mère à tous vos enfants, vous avez ouvert pour eux la source des plus abondantes consolations. Riches de ce trésor, ils peuvent se passer de tout ce que le monde leur refuse.

Vous comprendrez dès lors pourquoi nous avons placé tous les sanctuaires dédiés à Marie sous la garde des religieux spécialement consacrés à son culte, ou des enfants de Saint Benoit et de Saint-Vincent-de-Paul, si dévoués à la mère du Sauveur. C'est à l'ombre de ces diverses solitudes que se sanctifient les ferventes communautés dont la mission est de dissiper les ténèbres de l'ignorance, de combattre l'engourdissement des âmes, de rappeler la pratique des sacrements et de fournir des auxiliaires à nos chers coopérateurs des cités et des campagnes, qui succomberaient sous le poids de travaux au-dessus de leurs forces.

Nous ne chercherons pas, N. T. C. F., à motiver notre dévotion particulière au pèlerinage d'Arcachon, en racontant ses origines ainsi que les pieuses légendes conservées par la tradition populaire. J'ai traité ce sujet dans une lettre pastorale, où je réclamais vos largesses pour la construction de deux églises de la cité nouvelle ; je me borne, aujourd'hui, à vous recommander la lecture de l'érudit et consciencieux travail, publié par le Révérend Père Delpeuch, qui a laissé, à Arcachon, d'impérissables souvenirs.

Avons-nous besoin de dire avec quelle joie nous verrons la multitude des pèlerins accourir à la grande solennité qui se prépare ? Nous en attendons des fruits de grâces et de bénédictions pour tout le diocèse, et en particulier pour la contrée au sein de laquelle s'est élevé, comme par enchantement, le nouveau sanctuaire, déjà l'objet de tant de confiance et d'amour de la part de nos braves marins. Que n'aurons-nous pas à demander à la puissante protectrice de ces lieux ? Nous prierons aux pieds de son autel comme la France à su le faire il y a un an à Versailles. Ce cri, parti de toutes les bouches : « Seigneur, *sauvez-nous, nous périssons,* » pourrait-il passer auprès des hommes sans parti pris, pour une préoccupation politique et dangereuse ?

Qu'aurons-nous donc à demander à cette bonne Mère, sinon que le règne de son divin fils revienne sur la terre : *adveniat regnum tuum,* et qu'un sang nouveau soit infusé dans les veines des hommes de la génération présente ? Que te manque-t-il, ô mon pays, pour redevenir ce que tu étais dans les jours où des nations rivales t'adjugeaient cependant le droit d'aînesse ? « Va, disait saint Polycarpe, formé à l'école même de saint Jean, à l'un des premiers évêques envoyés dans les Gaules, va sans crainte dans ce pays, tu y trouveras un peuple spirituel, original et généreux : *populum singularem et substantivum;* et par lui sera ajoutée au corps du Christ une grande force, *magnum accendet incrementum.* » Et voilà que des insensés auraient la prétention de nous faire renoncer à la plus belle part de l'héritage de nos aïeux; ils livreraient aux orgies intellectuelles et sensuelles le peuple le plus aimable, le plus brave de l'univers ! Non, ils ne réussiront pas à faire une France ignorante, fanatique et païenne ; et voilà pourquoi je ne verrai dans cette immense réunion, sur votre belle plage, que la continuation de l'œuvre antique de Dieu, et comme une armée d'élite qui ramènera des jours plus prospères, parce qu'ils seront plus chrétiens.

Laissez-nous donc, N. T. C. F., remettre votre cause entre les mains de la protectrice de la France, et demandons au grand Pontife qui souffre à Rome avec tant de résignation, qu'il daigne prier pour le pays de sa prédilection; sa prière sera exaucée.

Ames délaissées, cœurs livrés au doute, qui éprouvez un indicible malaise, goûtez et voyez, le refuge est dans Marie. C'est le baume à toutes les blessures, la solution de toutes les incertitudes, la fontaine scellée et toujours jaillissante, le feu nouveau de l'alliance nouvelle. Ce que disait de l'Hostie divine un grand docteur dans un langage inspiré, je vous l'applique, ô mère puissante et compatissante ! N'êtes-vous pas la rosée qui rafraîchit, la source qui désaltère ? Comment, quand on est près de vous, ne pas s'écrier : *Ah! qu'il est bon d'être ici!* Voilà le bien-aimé, on entend le bruit de ses pas sur la colline, on tressaille à son approche, on goûte la paix ineffable de sa présence. Crépuscule des dernières ombres, flambeau qui pâlissez, jour qui allez finir pour tant d'autres, n'approchez pas de ces lieux où le soleil brille toujours, où résonne l'écho des joies futures. Miséricordieux appel du Fils et de la Mère, je vous entends; je vole vers ce glorieux sanctuaire où vous voudrez bien recevoir de nos mains la couronne tressée par le plus grand de vos serviteurs, et après avoir été notre refuge, notre secours, notre reine ici-bas, vous nous introduirez dans les tabernacles de Celui qui fut notre pain quotidien pendant les jours de son abaissement, et qui là-haut nous recevra dans sa gloire.

Il nous reste un mot à vous dire, chers habitants d'Arcachon, et c'est par là que nous finissons. Quand vos frères de tous les points de ce diocèse et de plusieurs parties de la France viendront vous demander votre bienveillante hospitalité, montrez-vous charitables et chrétiens. Vous attirez depuis quelques années de nombreux étrangers; dans la rude saison, vous mettez à leur disposition vos gracieuses villas réchauffées par un soleil dont vous semblez avoir le privilège; vous leur offrez, en été, les ondes rafraîchissantes de votre bassin enchanteur; c'est beaucoup; ce n'est pas assez. Montrez par votre assiduité au pied des autels, par votre vénération pour le sanctuaire béni, que Marie est la gloire ainsi que la fortune de vos rivages. Accueillez avec ce savoir-vivre qu'on vous reconnaît ceux qui vous arriveront pour puiser, dans votre sanctuaire, les eaux du salut dont il est dit, comme de celles dont parle le divin Sauveur : *que ceux qui en boivent n'auront plus soif,* parce qu'*elles jaillissent jusqu'à la vie éternelle.* Recevez avec une bienveillance fraternelle les fidèles de tous les âges et de toutes les conditions qui accourront près de vous. Profitez des enseignements et des exemples que vous ont apportés les bons Pères Oblats de Marie, à qui nous avons confié la direction de la paroisse principale et du pèlerinage. Leur zèle et celui de notre cher Curé de Saint-Ferdinand feront oublier certains jours mauvais, et vous vous montrerez de plus en plus dignes des bénédictions et des grâces que votre auguste patronne vous obtiendra de son divin Fils.

CHAPITRE IV

Programme des fêtes du couronnement de Notre-Dame d'Arcachon.

I. — La cérémonie du couronnement de Notre-Dame d'Arcachon est fixée au mercredi 16 juillet 1873.

II. — L'église quelque vaste qu'elle soit ne pouvant contenir la multitude qui accourra à cette solennité, la cérémonie se fera en plein air. Un autel sera dressé sur l'avenue qui conduit au sanctuaire.

III. — Cet autel sera surmonté d'un pavillon, sous lequel on placera la statue miraculeuse, que le Saint Père veut bien couronner. Un immense velarium protégera l'assistance. L'office pontifical y sera célébré par S. E. le Cardinal Archevêque. Autour de l'autel, sur une vaste estrade, prendront place les archevêques, les évêques, les autorités civiles et militaires qui auront bien voulu accepter l'invitation de Son Eminence. Autour de l'estrade, il y aura des places réservées; des cartes imprimées seront remises à ceux qui devront les occuper.

IV. — Un *triduum* de prières aura lieu les 13, 14 et 15 juillet dans l'Eglise. Chaque jour, à 10 heures, une messe sera dite à cette intention. Un sermon, suivi de la bénédiction du Très-Saint Sacrement, sera prêché le dimanche à 3 h. 1/2 après les vêpres; et le lundi et le mardi à 8 heures du soir.

V. — *Mardi*, 15 *juillet*, le soir à 6 h. Son Eminence le Cardinal Archevêque, Mgr de La Bouillerie, son coadjuteur, les Archevêques et Evêques seront reçus à la gare sous un arc de triomphe, par les autorités municipales, par MM. les Curés et par les communautés des Oblats de Marie et des Frères Prêcheurs. Après la réception officielle les illustres Pélerins se rendront au presbytère, en passant par le boulevard de la Plage.

A 7 h. 1/2, un office préparatoire aura lieu dans l'église Notre-Dame, et sera suivi d'une instruction, prêchée par un des prélats, et de la bénédiction du Saint Sacrement.

A 9 heures, toutes les cloches d'Arcachon sonneront à toute volée, afin d'annoncer les grandes fêtes du lendemain; quelques coups de canons seront tirés au même instant.

VI. — *Le mercredi*, 16 *juillet* à 6 h. du matin, onze coups de canons annonceront la solennité du jour, et les cloches sonneront comme la veille.

VII. — Durant toute la matinée, depuis 4 heures, des messes seront dites, sans interruption, dans l'église Notre-Dame. On distribuera la sainte communion à trois autels : sanctuaire de Notre-Dame, et dans la grande Eglise : Maître Autel. — Autel du Sacré Cœur.

A 8 h. 1/2, à la gare, réception officielle des autorités civiles et militaires du département par l'administration municipale et les corps constitués de la ville d'Arcachon. Ces diverses autorités se rendront ensuite au presbytère, en suivant le cours Ste-Anne.

A 9 heures précises, le cortége composé des prélats revêtus de leurs ornements pontificaux, des prêtres en habits de chœur, et des diverses autorités, se rendra du presbytère de Notre-Dame à l'autel dressé près de l'Eglise paroissiale, où aura lieu le couronnement. La procession suivra l'avenue de la Chapelle, le boulevard de l'Océan et l'avenue Sainte-Marie. Ces rues seront richement décorées et pavoisées.

VIII. — Arrivée à l'estrade — le Cardinal remet les couronnes au Supérieur Général des Oblats.—Lecture par M. le Secrétaire Général de l'Archevêché de la lettre de Sa Sainteté. — Bénédiction des couronnes. — L'Officiant les dépose au pied de la statue de Marie.

Messe Pontificale : Après l'Evangile, Sermon.

Après la messe, chant de l'*Ave Maris stella*. — Couronnement. — Consécration du diocèse à Notre-Dame d'Arcachon. — La vierge est rapportée au chant du *Te Deum* dans le sanctuaire privilégié, où elle est placée sur l'autel et encensée successivement par tous les Prélats. Après quoi, on revient au presbytère.

IX. — *Vêpres*. Le soir, à 3 h. 1[2, départ du presbytère dans le même ordre que le matin, mais on arrive par l'avenue de la Chapelle. Chant des Vêpres par toute l'assistance. — Sermon.

Procession nautique. NN. SS. les Evêques prendront place sur un même bateau avec la Vierge couronnée et les principales autorités.

D'autres bateaux seront mis à la disposition des musiciens et des chanteurs.

Bénédiction solennelle du bassin et de toutes les paroisses du littoral.

Débarquement à la Croix. — La procession revient en ordre à l'estrade.

Salut très solennel du Saint Sacrement. — Chant du *Laudate*. — Retour au presbytère.

X. — A 9 heures, illumination générale de la ville et spécialement des Eglises d'Arcachon, de La Teste et de tout le littoral, des feux de joie seront allumés sur les bords du bassin.

A la même heure, retraite aux flambeaux par la musique militaire.

XI. — *Jeudi*, 17 *juillet*. Pèlerinage de tous les marins du littoral à Notre-Dame-d'Arcachon.

Le matin, à 8 heures et demie, à la gare, réception des marins par les diverses autorités de la ville. Ensuite ils se rendront processionnellement au monument élevé près de la Chapelle.

A 9 heures, grand'messe et sermon par un des Prélats.

XII. — Une octave d'actions de grâces sera célébrée dans l'église de Notre-Dame, en mémoire du couronnement. Une messe sera dite chaque jour, à 10 heures, à cette intention.

Le soir, à 8 heures, sermon suivi du chant du *Magnificat* et de la bénédiction du Saint-Sacrement.

XIII. — Pendant cette octave et dans les semaines suivantes, plusieurs congrégations religieuses, pensionnats, paroisses, etc., feront leur pèlerinage à Notre-Dame d'Arcachon couronnée.

Plusieurs paroisses se proposent d'offrir une bannière qui restera suspendue dans la Chapelle.

N. B. Les Compagnies des chemins de fer d'Orléans et du Midi accorderont des billets d'aller et retour, à prix réduits, valables du 14 au 22 juillet.

Après la lecture du Bref apostolique on chantera l'Antienne suivante :

Sub tuum præsidium confugimus, sancta Dei genitrix, nostras deprecationes ne despicias in necessitatibus nostris, sed a periculis cunctis libera nos semper, Virgo gloriosa et benedicta.

ỳ Adjutorium nostrum in nomine domini,

℟ Qui fecit cœlum et terram.

ỳ Dominus vobiscum,

℟ Et cum spiritu tuo.

OREMUS.

Omnipotens sempiterne Deus, cujus clementissima dispensatione cuncta creata sunt ex nihilo : Majestatem tuam supplices deprecamur ut hanc coronam pro ornatu sacræ Imaginis genitricis filii tui Domini nostri fabricatam benedicere, et sanctificare digneris. Per eumdem Christum dominum nostrum. Amen.

Pendant que l'officiant dépose les couronnes au pied de la statue, on chantera la *Cantate* composée pour cette circonstance :

OREMUS.

Deus qui virginalem aulam Beatæ Mariæ semper virginis in quâ habitares eligere dignatus es : da quæsumus ut suâ nos defensione munitos, jucundus facias suæ interesse coronationi. Qui vivis et regnas cum Deo patre, etc...

Après la messe, l'officiant couronne la statue et dit les prières suivantes :

ỳ Coronea aurea super caput ejus.

℟ Expressa signo sanctitatis, gloria honoris et opus fortitudinis.

ỳ Coronasti eam Domine.

℟ Et constituisti eam super opera manum tuarum.

OREMUS.

Præsta, misericors Pater, per invocationem genitricis Filii tui Domini Nostri Jesu Christi, quem pro salute generis humani integritate Virginis Mariæ servatâ, carnem sumere voluisti ; quatenùs precibus ejusdem Sacratissimæ Virginis quicunque eamdem misericordiæ Reginam, et gratiosissimam Dominam nostram coram hâc effigie suppliciter honorare studuerint, et de instantibus periculis eruantur, et in conspectu divinæ Majestatis tuæ de commissis et omissis veniam impetrent ac mereantur in præsenti gratiam quam desiderant adipisci et in futuro perpetua salvatione cum electis tuis valeant gratulari; per eumdem Dominum nostrum, etc., etc.

Après cette oraison, le Cardinal-Archevêque de Bordeaux, agenouillé devant l'image de Notre-Dame-d'Arcachon, lui fera la consécration de son Diocèse.

La consécration finie, on rapportera processionnellement, au chant du *Te Deum*, la statue miraculeuse dans le sanctuaire, où elle sera encensée successivement par tous les Prélats.

Son Éminence terminera la cérémonie par l'oraison suivante :

Deus cujus misericordiæ non est numerus et bonitatis infinitus est thesaurus ; piissimæ Majestati tuæ pro collatis donis gratias agimus, tuam semper clementiam exorantes, ut qui petentibus postulata concedis, eosdem non deserens ad præmia futura disponas. Per Christum Dominum nostrum. Amen.

ARCACHON

Cantate pour le Couronnement de N.-D. d'Arcachon

Paroles de M. l'abbé A. AUDOUIN, musique de M. E. A. d'ETCHEVERRY.

Honneur et gloire à ton charmant rivage,
Jeune cité, terrestre paradis,
Tu vois déjà s'accomplir le présage
De ces beaux jours qui te furent promis.

I

Hier encor, sans nom, solitude profonde
Où venaient s'égarer les pas du voyageur,
Tu semblais endormie au murmure de l'onde,
 Que sillonnait la barque du pêcheur.
  Chœur : Honneur, etc.

II

Le ciel t'avait donné ton lac incomparable,
Où médita jadis l'apôtre Illiricus,
Et ses flots encadrés par les dunes de sable
 Venaient mourir sur tes bords inconnus.
  Chœur : Honneur, etc.

III

Mais tu portais en toi le principe de vie,
La Vierge qui veillait sur ton humble berceau,
Donnant un libre essor à l'œuvre du génie,
 Créa pour toi l'avenir le plus beau.
  Chœur : Honneur, etc.

IV

Les prodiges de l'art transformant la nature,
Ont fait jaillir du sol tes palais enchanteurs,
Tes sables fécondés te donnent pour parure
 Les verts bosquets, les ruisseaux et les fleurs.
  Chœur : Honneur, etc.

V

Rien ne doit plus manquer désormais à ta gloire,
Et près de cet autel nous venons t'applaudir,
Tu peux avec fierté graver dans ton histoire,
 De ce saint jour l'immortel souvenir.
  Chœur : Honneur, etc.

VI

Sur ces bords fortunés, les célestes phalanges
A nos joyeux accents unissent leurs concerts,
Et veulent avec nous, chanter dans leurs louanges,
 L'astre brillant de l'étoile des mers.
  Chœur : Honneur, etc.

VII

Le grand Pontife et Roi que l'univers admire,
De son cœur paternel épanchant le trésor,
Sur le front de la vierge au radieux sourire,
  Va déposer le diadême d'or.
  Chœur : Honneur, etc.

VIII

De tous les horizons, vers ces plages aimées
Ne vois-tu pas venir, pour contempler ce jour,
Ces prélats vénérés et ces foules charmées,
Tous réunis dans un commun amour ?
  Chœur : Honneur, etc.

IX

Salut, terre bénie et que le ciel protége,
O cité d'Arcachon, asile hospitalier,
Grandis, grandis encor, c'est là ton privilége,
  Jamais nos cœurs ne pourront t'oublier !
  Chœur : Honneur, etc.

REINE DE FRANCE

I

Venez, chrétiens, de l'Auguste Marie,
A deux genoux implorer les faveurs,
Et pour toucher cette Reine chérie
Unissons tous et nos voix et nos cœurs,
        Reine de France !
        Priez pour nous ;
        Notre espérance !
    Venez et sauvez-nous !

II

Pitié pour nous, ô Vierge tutélaire !
Vois, notre esquif menace de sombrer :
Dieu nous punit ; les flots de sa colère
Montent toujours : Mère vient nous sauver !
  Chœur : Reine de France ! etc.

III

De nos aïeux bénissant la mémoire,
Nous affirmons la foi des anciens jours ;
Rends-nous la paix, donne-nous la victoire ;
Oui ! de ton cœur nous viendra le secours !
  Chœur : Reine de France ! etc.

IV

Quoique pécheurs, tu nous aimes encore,
Et ton doux cœur n'est pas fermé pour nous.
Vois à tes pieds la France qui t'implore :
Taris ses pleurs, ô Mère ! exauce-nous !
  Chœur : Reine de France ! etc.

V

Mère de Dieu ! tu veux que l'on te prie :
A ta pitié nous avons tous recours !
Tu veux qu'on t'aime, ô clémente Marie !
Nous t'aimerons, nous t'aimerons toujours !
Chœur : Reine de France ! etc.

VI

Je sens mon cœur renaître à l'espérance,
Bonne Marie, en invoquant ton nom :
Oui tu viendras, tu sauveras la France,
Et de Jésus nous aurons le pardon.
Chœur : Reine de France ! etc.

AU SACRÉ-CŒUR

I. Divin Jésus, notre appui, notre père.
Toi, la Splendeur de la terre et du ciel,
Daigne abriter, dans ton cœur tutélaire,
Ces cœurs français entourant ton autel.

Dieu d'espérance,
Dieu protecteur,
Sauve, Rome et la France,
Au nom du Sacré-Cœur.

II. Un cri d'amour et de reconnaissance
Vers toi s'élève, ô divin protecteur !
Est-il bienfaits, que le monde et la France
N'aient recueillis de ton aimable cœur ?
Chœur : Dieu d'espérance, etc.

III. Mais c'est trop peu de retracer encore,
O cœur divin, tes immenses bienfaits !
Ton peuple, hélas ! de nouveau les implore,
Comme Chrétiens, Bordelais et Français !
Chœur : Dieu d'espérance, etc.

A Notre-Dame d'Arcachon.

IV. Dans l'ouragan, la lueur d'une étoile,
Rend au pilote et la force et l'espoir.
Elle a paru, brillante sous son voile,
L'étoile d'or, au milieu d'un ciel noir.

Dieu de clémence,
Vois nos douleurs !
Sauve, Rome et la France,
Exauce enfin nos pleurs.

V. Douce Marie, ô Mère secourable,
Auguste Reine, ayez pitié de nous !
Ayez pitié de la France coupable !
Priez pour nous, qui recourons à vous.
Chœur : Dieu de clémence, etc.

BIBLIOTHÈQUE R. F. IMPRIMÉS

HYMNE

Ave, maris stella.
Dei Mater alma
Atque semper Virgo,
Felix cœli porta.

Sumens illud ave
Gabrielis ore,
Funda nos in pace,
Mutans Evæ nomen.

Solve vincla reis,
Profer lumen cæcis,
Mala nostra pelle,
Bona cuncta posce

Monstra te esse matrem,
Sumat per te preces,

Qui pro nobis natus
Tulit esse tuus.

Virgo singularis,
Inter omnes mitis,
Nos culpis solutos
Mites fac et castos.

Vitam præsta puram,
Iter para tutum,
Ut videntes Jesum
Semper collætemur.

Sit laus Deo Patri,
Summo Christo decus,
Spiritui Sancto,
Tribus honor unus
Amen.

COURONNEMENT DE NOTRE-DAME D'ARCACHON

De ces jours radieux dont, nous voyons l'aurore,
Nous voulons consacrer le touchant souvenir ;
Sous le regard du Dieu que l'univers adore,
Il devra se transmettre aux âges à venir.
Vierge sainte, c'est vous qui, reine de ces plages,
Recueillez aujourd'hui les suprêmes honneurs ;
Ah ! daignez exaucer, pour prix de ces hommages,
    Les vœux ardents que vous offrent nos cœurs !

Bénissez, en ce jour de si douce mémoire,
Le concours dévoué d'hommes au noble cœur,
Dont le zèle admirable a su, pour votre gloire,
De ces solennités préparer la splendeur.
Ils pourront désormais inscrire cette page,
Souvenir glorieux d'un grand fait accompli,
Et leurs fils garderont ce pieux héritage,
    Comme un trésor que la Vierge a béni.

Quand un ciel orageux, déchaînant la tempête,
Et jetant la terreur aux rivages voisins,
De l'antique forêt viendra courber le faîte,
Mère, souvenez-vous de vos pauvres marins !
Astre consolateur, soyez leur espérance ;
Sans vous, ils périraient dans un dernier effort ;
Mais l'ouragan s'éloigne, et par votre puissance,
    Ils sont sauvés, ils reverront le port !

Conservez ce grand Pape, ornement de l'Eglise,
Dont l'épreuve ennoblit l'auguste majesté ;
Pontife incomparable ; ô vous dont la devise
Est pour le monde entier : Justice et Charité !

Présentez-lui toujours votre invincible égide,
Et nous adhérons tous au langage imposant
Du Docteur de la loi, du Père qui nous guide
   Et nous bénit, du haut du Vatican.

Bénissez le Pasteur dont l'aimable présence
Doit recueillir ici l'hommage de nos cœurs.
Nous devions ce tribut de la reconnaissance
A quarante ans de zèle et d'étonnants labeurs.
Vierge, n'oubliez pas que ses chères délices,
Furent de propager votre culte en tous lieux ;
Pour tant d'autels placés sous vos sacrés auspices,
   Préparez-lui sa récompense aux cieux.

Mais déjà de la Vierge une faveur nouvelle
Fait briller à nos yeux son pouvoir souverain :
Nous saluons, au sein de leur troupeau fidèle.
Comme aux siècles passés, Amand et Séverin.
Le Ciel qui les unit, pour ce grand ministère,
Nous donne deux Pasteurs que nous saurons chérir ;
Puissions-nous, dans leur belle et sublime carrière,
   Longtemps les voir nous aimer, nous bénir !

A ces pieux prélats dont l'Eglise de France
Est fière d'applaudir le zèle et les vertus.
Accordez vos faveurs et la douce espérance,
Que des temps plus heureux vont nous être rendus.
Puissent-ils, au retour de ce pèlerinage,
Redire à leurs cités, qu'avec un juste orgueil,
L'Eglise de Bordeaux, sur ce lointain rivage,
   Leur réservait le plus aimable accueil !

Enfin, Reine des Cieux, ô puissante Marie,
Qu'entourent, sur ces bords, tant d'honneurs mérités,
Comblez de vos bienfaits notre chère patrie,
Rendez-lui ses grandeurs et ses prospérités.
Le monde chancelant, sous le poids du malaise,
Demande son salut à des appuis trompeurs,
Réveillez, réveillez la vieille foi française,
   Elle saura nous créer des vengeurs !

Quand l'heure sonnera d'abandonner ces plages ;
Sans pouvoir oublier ces spectacles divins,
Vers vous, ô douce Vierge, objet de nos hommages,
Nous reviendrons encor, fidèles pélerins.
Partez, chars embrasés, qui mesurez la terre,
Sur vos ailes de feu, regagnez l'horizon,
Et des milliers de voix, vont dans la France entière,
   Préconiser les gloires d'Arcachon.

CONSÉCRATION DU DIOCÈSE DE BORDEAUX

A NOTRE-DAME D'ARCACHON

Acclamationes ad Beatam Virginem coronatam.

Audite et attendite populi de longè ! hodiè inter vos dies glorificationis Mariæ illuxit ! hodiè vox sponsi clamat : tota pulchra es amica mea, et macula non est in te ; veni de Libano, veni coronaberis. — Amen, Amen.

Afferte virgini Deiparæ, afferte gloriam et honorem ! Juvenes et virgines, senes cum junioribus hymnum dicite in chordis et organo, quia exaltatum est nomen Mariæ virginis ; amen, amen.

Quæ lingua, quæ vos poterit cantare canticum novum ? Exsurge, gloria mea, exsurge psalterium et cithara ad annuntiandum manè misericordiam ejus ; amen, amen.

O Regina, mater, o Dulcis Virgo Maria, specie tuâ et pulchritudine tuâ, intende, prosperè procede et regna super populum tuum hunc multum ; amen, amen.

O Maria ! Beatissimum Pium Papam, dominum nostrum et sanctum totius ecclesiæ catholicæ pontificem conservare dignare, donec dissipentur inimici ejus, et fugiant qui oderunt eum a facie ejus ; amen, amen.

O Maria ! Benedic Eminentissimum Dominum hujus provinciæ metropolitanum et coapostolum ejus adjutorem inclytum, nec non et reverendissimos episcopos hic præsentes, cum omni clero, ut greges sibi creditos post se trahant in odorem unguentorum ; amen, amen.

O Maria ! salva hanc nostram dilectam patriam cum omnibus præpositis ejus et in viam salutis dirige, ut fide stantes in amore sacratissimi cordis Jesu-Christi permanentes ; et ubique et usquè ad finem sit regnum galliæ regnum Mariæ ; amen, amen.

O Maria, stella maris da navigantibus portum, peregrinantibus reditum, errantibus viam ; da tribulantibus veritatem et pacem ; amen, amen.

O Maria, mater nostra, esto nobis in domum refugii et in locum munitum : adversùs aereas potestates et sæculi hujus nequitias esto terribilis, quasi castrorum acies ordinata ; amen, amen.

O clemens et pia mater nostra, Maria, hodiè per tantorum et illustrium præsulum manus coronata refove benigna hanc familiam tot locis hodiè congregatam, periculis libera, virtute corrobora, ut fidelis Dei et Ecclesiæ mandatis tecum gloriâ et honore coronetur in cœlis ; amen, amen.

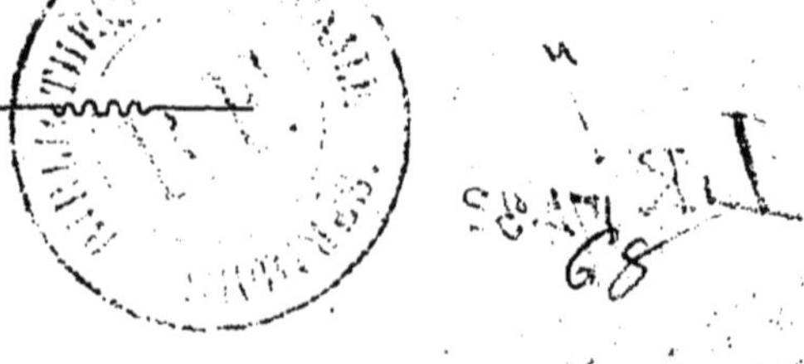

www.ingramcontent.com/pod-product-compliance
Ingram Content Group UK Ltd.
Pitfield, Milton Keynes, MK11 3LW, UK
UKHW021721130726
13696UKWH00006B/2467